Süßes
IM ADVENT

Stollen, Plätzchen,
Lebkuchen & mehr

BuchVerlag
für die Frau

ISBN 978-3-89798-338-0

3. Auflage 2017

Rezepte: Karola Erdmann,
Frank P. Freudenberg, Wolfgang Schröter,
Verlagsarchiv
Bildnachweis: S. 125
Redaktion: Silvia Dorster
Satz und Typographie: Uta Wolf
Druck: Salzland Druck, Staßfurt
Bindearbeiten:
Müller Buchbinderei GmbH Leipzig
Printed in Germany

www.buchverlag-fuer-die-frau.de

Inhalt

Heut rühr'n wir Teig zu Plätzchen ein ...

Für die meisten von uns sind Vorweihnachtszeit und die Feiertage untrennbar verbunden mit süßen Leckereien wie Pfeffernüssen, Lebkuchen und Plätzchen, köstlichen Adventstorten, Gewürzkuchen, Früchtebrot und Stollen.

Und weil Selbstgebackenes viel besser schmeckt als abgepackte Handelsware, ist die Adventszeit auch Backzeit. Viele fangen mit dem Backen für Weihnachten und die Feiertage bereits im Herbst an. Denn Pfefferkuchen oder Stollen sollten gut durchziehen, um ihren besonderen feinen Geschmack zu entfalten.

Unverzichtbar: Stollen

Zu einem gelungenen Weihnachtsfest gehört Weihnachts- oder Christstollen, in manchen Regionen auch als „die Stolle" oder „der Striezel" bekannt. Noch vielfältiger als seine Namen sind die Rezepte, die nicht nur von Landstrich zu Landstrich variieren, sondern auch von Bäckerin zu Bäcker. In manchen Familien werden die geheimen Stollenrezepte oft nur von Mutter zu Tochter vererbt.

Bis heute weiß niemand, wer das Rezept und die Form des Stollens erfand. Den ersten Stollen sollen um 1300 Mönche in Sachsen gebacken haben. Vermutlich

entstand aus einem Fastenbrot, das kärglich aus Mehl, Hefe und Wasser zusammengesetzt war, über die Jahrhunderte hinweg das köstliche Backwerk, das wir heute als Stollen schätzen.
Dank des „Butterbriefes“ des sächsischen Kurfürsten Ernst und Herzogs Albrecht an den Papst Innozenz VIII. (1432-1492) durfte von 1491 an auch in der Adventszeit mit Butter gebacken werden. Das kam der Stollenbäckerei in Sachsen, vor allem im Raum Dresden, und dem 1434 eröffneten Dresdner Striezelmarkt sehr zugute.

Damit der Stollen gelingt

Nehmen Sie sich genügend Zeit! Am besten fängt man mit den Vorbereitungen bereits am Vorabend an, d. h. man sollte alle Gerätschaften und Zutaten, die das Rezept verlangt, bereitstellen. So werden auch alle Zutaten zimmerwarm. Müssen Zutaten gewaschen oder eingeweicht werden, sollte auch das am Vorabend geschehen.

Rosinen oder Korinthen waschen, trocknen und dann in feinem, weißem Mehl wälzen, damit sie sich gut im ganzen Stollen verteilen und nicht auf den Boden sinken. Achtung! Bevor der Stollen in den

Ofen kommt, eventuell hervorlugende Rosinen in den Teig drücken, damit sie nicht verbrennen und bitter vorschmecken.

Gewürze (z. B. Koriander, Zimt, Muskat) sollte man im Ganzen kaufen und selbst mahlen oder im Mörser zerstoßen.

Beim Buttern der Stollen darauf achten, dass die Butter nicht braun geworden ist. Nicht zu stark buttern, damit der Stollen nach dem Zuckern nicht gelb wird.

Fertige Stollen sollten vor dem Verzehr noch einige Wochen „reifen". Am besten hüllt man sie in dünne Leinentücher und bewahrt sie in großen, gut verschlossenen Blechdosen an einem kühlen Ort (nicht im Kühlschrank!) auf.

Allerlei Stollenrezepte

Stollenteig (Grundrezept)

Hefe · Milch · Zucker · Mehl
weitere Zutaten je nach Rezept

Hefe so klein wie möglich zerbröseln und mit etwas lauwarmer Milch und 1 EL Zucker (pro 40 g Frischhefe) so gut verrühren, dass sich alle Hefebrösel auflösen. Mulde ins Mehl drücken und die Hefemilch hineingeben, mit etwas Mehl vom Rand der Mulde vermengen (bitte nicht zuviel!). Das Hefestück nun etwa 1 mm mit Mehl bestreuen, zugedeckt am warmen Ort ca. 15-20 Minuten gehen lassen. In dieser Zeit darf

der Vorteig keinen Zug bekommen oder Temperaturveränderungen ausgesetzt werden. Zeigt die über das Hefestück gestreute Mehlschicht deutliche Risse, den Teig weiterverarbeiten.
Geht der Vorteig zu lange, kann das fertige Backwerk leicht trocken und blass werden und zu deutlich nach Hefe schmecken.
Die anderen Zutaten in der Reihenfolge des jeweiligen Rezeptes dem Teig zufügen, mit Pausen, in denen er weiter aufgeht, gut kneten. Ein Stollenteig ist gut, wenn er sich leicht von der Hand löst, eine mit den Fingern in den Teig gedrückte Delle sich schnell wieder zurück bildet oder der Teig kleine Bläschen zeigt.

Christstollen mit Rum
(für ca. 5 Stollen à 1,5 kg)

Teig:

2,5 kg Mehl · 275 g Hefe
¾ l Milch · 100 g Zucker

weitere Zutaten:

1,5 kg Sultaninen · 250 g Korinthen · ¼ l Rum · 400 g Zucker
5 Pck. Vanillezucker
1 EL abgeriebene Zitronenschale
35 g Salz · 1,2 kg Butterschmalz
je 125 g kleingeschnittenes Orangeat und Zitronat
300 g gehackte, süße Mandeln, darunter 10 bittere

Glasur:

250 g Butter · 100 g Zucker
250 g Puderzucker

Am Vortag die verlesenen Sultaninen und Korinthen in Rum einweichen, zugedeckt durchziehen lassen.

Am Backtag mit etwas Milch Vorteig nach Grundrezept zubereiten. Nach dem Aufgehen Zucker, Vanillezucker, Zitronenschale, Salz, das grob zerkleinerte Butterschmalz, Zitronat, Orangeat, Mandeln und restliche Milch dazugeben. Zuletzt die Rumfrüchte. Von der Mitte aus alles zu einem glatten Teig verkneten, der an einem warmen Ort noch 2-3 Stunden gehen soll. Dann den Teig zusammenstoßen, nochmals gut durchkneten. In 1 bis 1 ½ kg schwere Stücke teilen. Die Teigstücke länglich oval formen, längs etwas einkerben.

Backbleche fetten, mit Mehl bestäuben, die Stollen darauf geben. Weitere 30 Minuten gehen lassen. Im vorgeheizten Backofen nacheinander 60-70 Minuten bei 180 °C backen. Herausnehmen, etwas auskühlen lassen. Mit zerlassener Butter bestreichen, mit Zucker bestreuen und mit Puderzucker besieben. Darauf wieder Butter und nochmals Puderzucker geben.

Mit diesem Rezept für 5-7 Stollen (je nach Gewicht) kann man auch gleich noch Freunde oder Verwandte mit einem selbstgebackenen Stollen erfreuen.

Sächsischer Rosinenstollen

(für 2 Stollen)

Teig:

1 kg Weizenmehl · 100 g Hefe
½ l Milch · 200 g Zucker

weitere Zutaten:

450 g Butter · 1 gute Prise Salz
½ TL Kardamom
½ TL Muskatblüte · abgeriebene Schale 1 Zitrone · 500 g Rosinen
150 g Korinthen · 150 g kleingehackte süße Mandeln
50 g kleingehackte bittere Mandeln · 100 g Orangeat
150 g Zitronat

Garnitur:

ca. 30 g Butter · Zucker

Hefeteig nach Grundrezept zubereiten, 1 Stunde gehen lassen. Nacheinander die weiche Butter und die anderen Zutaten unterarbeiten. Teig gut durchkneten, bis alles gleichmäßig verteilt ist. Einen großen Ballen formen, in einer zugedeckten Schüssel noch ca. ½ Stunde gehen lassen. Gut durchkneten und erneut 1 Stunde ruhen lassen. Zwei Stollenlaibe formen, auf ein gefettetes Backblech geben und wiederum ½ Stunde gehen lassen, bei 180-200 °C ca. 70 Minuten backen. Noch warm mit zerlassener Butter bestreichen und mit Zucker oder Puderzucker bestreuen.

Marzipanstollen

Teig:
1 kg Weizenmehl · 80 g Hefe
¼ l Milch · 30 g Zucker
weitere Zutaten:
90 g Zucker · 1 TL Salz
300 g Butter · 300 g süße und
6 bittere Mandeln, gemahlen
Mark von 1 Vanillestange · 2 Eier
Füllung:
400 g Marzipanrohmasse
2 Eiweiß

Vorteig bereiten. Nach dem Aufgehen mit den weiteren Zutaten gut durchkneten, 30–40 Minuten am warmen Ort gehen lassen. Den Teig in drei gleiche Portionen teilen, oval ausrollen (nicht zu dünn) und mit der Rolle in der Mitte eine leichte Vertiefung drücken. Die Marzipanrohmasse mit dem Eiweiß verrühren und zu gleichen Teilen in die Vertiefungen geben. Die Seiten der Teig-Ovale nacheinander nach innen klappen und zwar so, dass sie sich leicht überlappen und die Stollenform erreicht wird. Auf ein gefettetes Backblech geben und 60 Minuten bei 200 °C backen. Noch warm mit zerlassener Butter bestreichen und mit Puderzucker bestäuben.

Marzipan-Quark-Stollen

Teig:

350 g Sultaninen · 100 ml brauner Rum · 375 g Weizenmehl 4 (gestrichene) TL Backpulver 125 g Zucker · 2 Pck. Vanillezucker · je 1 Msp. Zimt, Kardamom und Muskatblüte · abgeriebene Schale von ½ Orange 200 g Quark · 1 Ei · 1 Eigelb 150 g Butter · 100 g Zitronat 200 g gemahlene süße Mandeln

Füllung:

250 g Marzipanrohmasse

Garnitur:

ca. 40 g Butter · Puderzucker

Sultaninen mit Rum übergießen und ziehen lassen. Aus den Zutaten einen Knetteig herstellen, dabei Zitronat, Mandeln sowie die eingeweichten Sultaninen unterarbeiten. Auf einer bemehlten Arbeitsfläche den Teig vorsichtig auf 30 x 20 cm ausrollen. Ebenso die Marzipanmasse auf 25 x 20 cm ausrollen und so auf die Teigplatte legen, dass an den Längsseiten etwas Teig freibleibt. Die Längsseiten nicht zu locker übereinanderschlagen, zu einem Stollen formen und auf ein gefettetes Backblech legen. Den Backofen kurz auf 250 °C vorheizen, den Stollen hineinschieben und die Hitze sofort auf 170-180 °C vermindern, 50-60 Minuten backen. Den noch heißen Stollen mit zerlassener Butter bestreichen und dick mit Puderzucker bestäuben. Leicht abkühlen lassen und den Vorgang wiederholen.

Quarkstollen

200 g Quark · 1 Ei
1 Pck. Vanillezucker
175 g Zucker · 1 Prise Salz
etwas geriebene Zitronenschale
175 g Butter · 400 g Mehl
1 Pck. Backpulver · 175 g Butter
150 g geschälte, geriebene Mandeln · 150 g Rosinen
Garnitur:
50 g Butter · 50 g Puderzucker

Quark, Ei, Vanillezucker, Zucker, Salz und Zitronenschale gut verrühren. Das mit Backpulver vermischte Mehl zufügen und mit Butter zu einem geschmeidigen Teig verkneten. Zuletzt Mandeln und Rosinen einarbeiten. Stollen formen, in Längsrichtung einkerben, auf einem gefetteten Backblech in 70 Minuten im auf 190 °C vorgeheizten Ofen backen. Den noch warmen Stollen mit zerlassener Butter bestreichen und mit Puderzucker bestäuben.

Stollen Thüringer Art
(für 1 Stollen)

Teig:
100 ml Milch · 100 g Zucker
50 g Hefe · 500 g Mehl
weitere Zutaten:
30 g bittere Mandeln
75 g süße Mandeln
75 g Zitronat · 250 g Rosinen
Saft und Schale von 1 Zitrone
100 g Margarine
50 g Butterschmalz
100 g Butter
¼ TL Kardamom
¼ TL Muskatblüte - 4 cl Rum

Das Hefestück nach Grundrezept (S. 14) ansetzen, ca. 30 Minuten gehen lassen, alle weiteren

Zutaten dazugeben und gut verkneten. 40 Minuten gehen lassen, danach gut durchkneten und weitere 40 Minuten gehen lassen. Einen Stollen formen und nochmals 40 Minuten gehen lassen.

Bei ca. 180 °C ca. 60 Minuten backen. Den noch warmen Stollen mit zerlassener Butter einstreichen und mit feinem Zucker, Vanillezucker und Puderzucker bestreuen.

Mohnstriezel
(altes schlesisches Rezept)

500 g Mehl · 40 g Hefe
¼ l lauwarme Milch
100 g Zucker
100 g Butter · 1 Ei · 1 Prise Salz
Mohnfüllung:
250 g gemahlener, gebrühter Mohn · 150 g Zucker
100 g Rosinen
75 g gemahlene süße Mandeln
etwas abgeriebene Zitronenschale · 1 Msp. Zimt · 4 EL Milch
außerdem:
50 g zerlassene Butter
150 g Puderzucker

Hefeteig nach Grundrezept zubereiten. 30-40 Minuten gehen las-

sen. Dann 1-2 cm dick ausrollen und mit etwas zerlassener Butter bestreichen. Zutaten für die Mohnfüllung zu einer geschmeidigen Masse verrühren und auf den Teig streichen. Ränder frei lassen. Teig samt Mohnmasse aufrollen, auf einem gefetteten Blech noch ca. 20 Minuten gehen lassen. Mit zerlassener Butter bestrichen im auf 200 °C vorgeheizten Ofen ca. 50 Minuten backen.
Aus 3-4 EL heißem Wasser und Puderzucker einen Zuckerguss herstellen und damit den noch warmen Stollen bestreichen.

Mohnstollen mit Birne

Teig:
500 g Weizenmehl · 40 g Hefe
¼ l Milch · 75 g Zucker
250 g Butter · 50 g gemahlene süße Mandeln
1 Pck. Vanillezucker
abgeriebene Schale von 1 ungespritzten Zitrone · 1 Prise Salz
Füllung:
200 g getrocknete Birnen
250 g gemahlener Mohn
Garnitur:
ca. 30 g Butter · Puderzucker

Hefeteig gut durchkneten, zugedeckt am warmen Ort 40 Minuten gehen lassen. Inzwischen die Birnen ca. 15 Minuten in lauwar-

mem Wasser einweichen, herausnehmen, trockentupfen, in kleine Würfel schneiden und unter den gemahlenen Mohn mischen.
Die Arbeitsfläche gut mit Mehl bestreuen. Den Teig zu einer gut 1 cm dicken und 30 x 35 cm großen Platte ausrollen. Die Birnen-Mohn-Mischung gleichmäßig darauf verteilen. Das Ganze aufrollen und die außenliegende Längskante vorsichtig andrücken. Die Teigrolle zu einem Oval formen und mit der Handkante ein wenig neben der Mitte längs eine Rinne drücken. Den Stollen auf einem gefetteten Backblech nochmals 20 Minuten gehen lassen, bei 200 °C 50 Minuten backen. Wenn der Stollen im Ofen

braun wird, sollte er die letzten 10 Minuten mit Pergamentpapier abgedeckt werden. Noch heiß mit zerlassener Butter bestreichen und mit reichlich Puderzucker bestreuen.

Tipp: Dieser Stollen wird noch delikater, wenn das Mohn-Birnen-Gemisch mit 2 Eigelb und ½ TL Zimtpulver verfeinert wird.

Exotisch gefüllte Mini-Stollen

Teig:
300 g Mehl · 1 Würfel Hefe
8 EL Milch · 100 g Zucker
125 g Butter · 1 Ei · 1 Prise Salz
1 TL Vanillezucker
¼ TL Muskatnuss, ½ TL Kardamom, ½ TL Koriander, alles gemahlen
3 EL Rum-Rosinen
2 EL gehackte Mandeln

Füllung:
1 große Banane · 1 EL Zitronensaft · 3 EL Kokosraspeln · 10 getrocknete Aprikosen · 6 Datteln
2 EL gehackte Pistazien

zum Bestreuen:
Puderzucker

Aus Mehl, Hefe und lauwarmer Milch einen Hefeteig herstellen. 20 Minuten gehen lassen. Zucker, Butter, Ei und Salz zugeben und 1 Stunde gehen lassen.
Mit Vanillezucker, Gewürzen, Rosinen und Mandeln zu einem glatten Teig verkneten. Für die Füllung Banane pürieren, mit Zitronensaft beträufeln, Kokosraspeln untermengen. Aprikosen- und Dattelwürfel mit den Pistazien unter die Bananen-Kokosmasse rühren. Stollenteig dritteln, drei Rechtecke ausrollen (ca. 3-5 mm dick), jeweils mit der Füllung belegen. Von der kürzeren Seite her aufrollen. Drei Mini-Stollen formen, auf ein mit Backpapier belegtes Backblech legen.

ewürze
des
Christstolle

Backofen zunächst auf 250 °C vorheizen, dann runterschalten und die Stollen bei 180 °C ca. 50 Minuten backen. Die fertigen Stollen auskühlen lassen und mit Puderzucker bestreuen.

Mandelstollen

500 g Mehl · 40 g Hefe
¼ l Milch · 150 g Zucker
1 Prise Salz · 200 g Butter · 1 Ei
200 g geschälte, geriebene Mandeln · etwas Bittermandelaroma
1 EL Rum · 50 g zerlassene Butter · 50 g Mandelblättchen
Puderzucker

Wie gewohnt ein Hefestück ansetzen, ca. 20 Minuten gehen lassen, nun die übrigen Teigzutaten zugeben und mit 1 Prise Salz und Ei gut verkneten. Dann die Mandeln, Aroma und Rum unterkneten. Den Hefeteig für ca. 50 Minuten an einem warmen Ort gehen lassen. Dann einen Stollen formen, auf ein gefettetes Backblech legen und noch 20-30 Minuten gehen lassen. Mit zerlassener Butter bestreichen und mit Mandelblättchen bestreuen. Im vorgeheizten Ofen etwa 50 Minuten bei 200 °C backen. Den noch warmen Stollen dick mit Puderzucker bestäuben.

Walnuss-Stollen

Hefeteig:
250 g zerlassene Butter
4 EL Zucker
3 geschlagene Eigelb
½ TL Salz
1 Tasse lauwarme Milch
1 Pck. Hefe
4 Tassen Mehl
Füllung:
3 Eiweiß · ¾ Tasse Zucker
¼ TL Zimt · ½ Tasse Rosinen
1 Tasse gehackte Walnüsse

Butter, Zucker, Eigelb, Salz und Milch vermischen. Hefe in ¼ Tasse warmem Wasser auflösen und mit dem Mehl unter die Mischung rühren. Zugedeckt im Kühlschrank

übernachten lassen. Am nächsten Tag den Teig halbieren und je 2 cm dick ausrollen.
Für die Füllung Eiweiß zu Schnee schlagen, Zucker, Zimt und Nüsse dazugeben. Füllung auf eine Teighälfte streichen, Rosinen darüber streuen. Mit der zweiten Teighälfte zudecken. Fest zusammenrollen, auf dem Backblech gehen lassen, bis die doppelte Größe erreicht ist. 40 Minuten bei 200 °C backen.

Von der Hand in den Mund: Plätzchen – so lecker!

Plätzchen und Kekse sind nicht nur zur Adventszeit beliebt. Man kann sich heute kaum eine gemütliche Kaffeerunde ohne etwas „zum Naschen" vorstellen. Ein Keks gehört für die meisten zum Kaffee oder Tee einfach dazu. Und was gibt's Schöneres als an so einem ungemütlichen Novemberwochenende gemeinsam mit Kindern oder Freunden Plätzchen zu backen? Da kann man auch auf die üblichen Ausstechformen verzichten und selbst phantasievolle Figuren formen.

Wichtig beim Plätzchenbacken ist, dass die Backzutaten zimmerwarm sind. Eine Ausnahme bilden Spekulatius (siehe S. 66).
Die fertigen, abgekühlten und verzierten Plätzchen sollten in gut verschließbaren Blechdosen aufbewahrt werden.

Vanillekipferl

(ca. 50-60 Stück)

560 g Mehl · 160 g Zucker
400 g Butter
200 g gemahlene Haselnüsse
zum Bestäuben:
100 g Zucker
4 Pck. Vanillezucker

Mehl mit Zucker, weicher Butter und Nüssen zu einem geschmeidigen Teig verkneten. Teig 1 Stunde kühl stellen. Dann zu einer Rolle formen und in ½ cm dicke Stücke schneiden.
Daraus Kipferl formen und auf ein mit Backpapier ausgelegtes Blech legen. Die Kipferl ca. 15 Minuten auf der zweiten Schiene von unten bei 175 °C goldgelb backen. Zucker mit Vanillezucker mischen und die Kipferl noch warm darin wenden.

Tipp: Man kann die Kipferl auch mit einem Gemisch aus Puderzucker, Vanillezucker und etwas Zimt bestäuben.

Terrassenplätzchen
(ca. 25-30 Stück)

Mürbeteig:
250 g Mehl · 1 Ei · 125 g Butter
65 g Zucker · 1 Prise Salz
1 Pck. Vanillezucker oder ½ TL
abgeriebene Zitronenschale
zum Verzieren:
Marmelade · Puderzucker

Mürbeteig kneten, ca. 30 Minuten kühlen, dünn ausrollen. Je drei verschieden große Plätzchen gleicher Form und Anzahl ausstechen und bei 200 °C ca. 10 Minuten backen. Abgekühlt die Unterseiten der mittelgroßen Plätzchen mit Marmelade bestreichen und auf die großen setzen. Die Un-

terseiten der kleinen ebenfalls mit Marmelade bestreichen und auf die mittleren setzen. Terrassen mit Puderzucker besieben.

Süße Christrosen

(ca. 25-35 Stück)

Teig:

200 g Butter · 1 Ei
150 g Puderzucker
1 Pck. Vanillezucker
375 g Mehl

Füllung/Dekor:

2 Eiweiß · 4 gehäufte EL Zucker
125 g gemahlene Haselnüsse
abgeriebene Schale 1 Zitrone
Maraschinokirschen

Butter, Zucker, Ei und Vanillezucker cremig rühren. Mehl unterkneten. Den Teig 1 Stunde kalt stellen. Eiweiß steif schlagen, Zucker 2 Minuten unterschlagen, Nüsse und Zitronenschale zugeben. Den Teig ½ cm dick ausrollen, Sterne ausstechen und auf ein gefettetes Blech legen. Je 1 TL der Nussmasse in die Mitte der Sterne geben und mit Maraschinokirschen dekorieren. Im vorgeheizten Ofen bei 175 °C 20 Minuten backen.

Leckere Freunde
(ca. 10 Stück)

500 g Weizenmehl Type 550
½ Würfel Hefe (= 20 g)
40 g Zucker
¼ l lauwarme Milch
1 Prise Salz · 60 g Butter
zum Bestreichen:
1 Eigelb · 2 EL Milch
zum Verzieren:
Rosinen · Hagelzucker
Mandelblätter · Mandelstifte

Mehl in eine Schüssel sieben, in die Mitte eine Mulde drücken, Hefe hineinbröckeln, mit etwas Zucker bestreuen, mit etwas Milch verrühren und an einem warmen Ort abgedeckt ca. 20 Minuten gehen

lassen. Restliche Zutaten dazugeben, gut verkneten und weitere ca. 30 Minuten gehen lassen. Teig ausrollen und nach Wunsch Stutenkerle und -frauen oder Weihnachtsmänner ausschneiden und weitere ca. 30 Minuten gehen lassen. Backofen auf 180 °C vorheizen. Eigelb mit Milch verquirlen, Figuren damit bestreichen, mit den restlichen Zutaten verzieren und ca. 15-20 Minuten backen.

Zimtbrezeln

125 g Margarine
3 Eier · 1 Eigelb
250 g Zucker
4 g gemahlener Zimt
2 g Hirschhornsalz
375 g Mehl

Margarine schaumig rühren, nach und nach Eier, Zucker, Zimt, Hirschhornsalz und gesiebtes Mehl zufügen und alles gut verkneten. Den Teig ½ Stunde in den Kühlschrank stellen. Dann kleine Brezeln daraus formen, mit Eigelb bestreichen und 10-15 Minuten bei 160-180 °C goldgelb backen.

Haselnuss-Spezies

(ca. 30-40 Stück)

250 g Haselnüsse, 200 g süße Mandeln, beides gerieben
500 g Zucker · abgeriebene Schale von 1 Zitrone
2 EL Rum · 4 Eiweiß
30-40 Oblaten (Ø 4 cm)

Nüsse, Mandeln, Zucker, Zitronenschale und Rum gut miteinander vermischen. Zuletzt das steif geschlagene Eiweiß unterziehen. Die Masse 1 cm dick auf Backoblaten streichen, über Nacht auf dem Backblech stehen lassen. Am nächsten Tag bei 150 °C ca. 15 Minuten backen.

Ingwerplätzchen
(ca. 40 Stück)

150 g weiße Schokolade
1 kleines Stück Ingwer (ca. 3 cm)
1 EL gehackte Pistazien
300 g Mehl
1 Pck. Vanillezucker
je ½ -1 TL Anis und Ingwer, gemahlen · abgeriebene Schale von ½ Orange · 180 g Butter
Dekor:
ca. 40 Pistazienkerne
2 EL Puderzucker

50 g Schokolade hacken, den Rest im Wasserbad schmelzen und wieder abkühlen lassen. Ingwer schälen und durch eine saubere Knoblauchpresse drücken. Mehl,

Vanillezucker, je nach Geschmack ¼ oder ½ TL Anis und Ingwer, Orangenschale, gehackte Pistazien und gehackte Schokolade vermischen. Geschmolzene Schokolade sowie Butter in Würfeln dazugeben, zu einem festen Teig verkneten und ca. 1 Stunde kühl stellen. Backofen auf 180 °C vorheizen. Aus dem Teig walnussgroße Kugeln formen, etwas flach drücken, auf ein mit Backpapier ausgelegtes Blech legen, mit jeweils einer Pistazie verzieren und ca. 10-15 Minuten backen. Puderzucker mit restlichem Ingwer und Anis mischen und erkaltete Plätzchen damit bestäuben.

Spekulatius

(ca. 60-90 Stück)

375 g Mehl · 1 gestr. TL Backpulver · 250 g Butter · 1 Ei
250 g Zucker · 125 g Mandeln
½ TL Zimt, 1 Msp. Ingwer,
1 Msp. Nelken, alles gemahlen

Vor der Verarbeitung die Zutaten gut kühlen.
Mehl mit dem Backpulver vermischen. Butter in kleinen Stücken darauf verteilen. Eine Mulde ins Mehl drücken, Zucker, gemahlene Mandeln, alle Gewürze und Ei hineingeben. Alles zu einem geschmeidigen Mürbeteig verkneten. Mindestens 1 Stunde im Kühlschrank ruhen lassen. Auf

leicht bemehlter Arbeitsfläche ca. 3 mm dick ausrollen. Entweder in Spekulatiusformen drücken oder mit gewöhnlichen Formen ausstechen. Die Plätzchen auf ein gefettetes mit Mandelblättchen bestreutes Blech legen. Bei Verwendung von Spekulatiusformen den Teig mit einem Draht direkt am Model abschneiden und die Figuren ausklopfen, auf ein Blech legen und kurz kalt stellen. Mit Milch bepinseln und im auf 200 °C vorgeheizten Ofen 10-12 Minuten hellbraun backen.

Ein beliebtes Spekulatiusmotiv ist der Nikolaus. Dem heiligen Bischof Nikolaus zu Ehren soll dieses Gebäck entstanden sein. Ein

Hinweis darauf ist der Name Spekulatius, der sich vom lateinischen speculator (= ‚Bischof', ‚Beobachter') ableitet. Aber auch die Ableitung vom lateinischen speculum (= ‚Abbild' oder ‚Spiegel') ergibt Sinn.

Schoko-Brownies

(ca. 60 Stück)

Teig:

300 g Mehl · 4 EL Kakao
1 gestr. TL Backpulver
1 TL Zimt, ¼ TL Nelken,
2 Msp. Muskatnuss, alles gemahlen · 100 g Sonnenblumenkerne · 250 g Butter
370 g Zucker · 6 Eier

Glasur:
200 g Zartbitter-Kuvertüre
1 TL Zimt, gemahlen
1 Msp. Nelken, gemahlen
½ TL Vanille-Aroma, granuliert
ca. 60 Walnusshälften

Mehl, Kakao, Backpulver, Gewürze und Sonnenblumenkerne vermischen. Herd auf 180 °C vorheizen. Butter mit Zucker schaumig rühren. Eier einzeln dazugeben, verrühren und die Mehlmischung unterheben. Teig auf ein mit Backpapier ausgelegtes Backblech geben, glatt streichen und ca. 20-25 Minuten backen. Teigplatte noch warm in Würfel von ca. 4 x 4 cm schneiden und auf dem Blech abkühlen lassen. Für die Glasur Ku-

vertüre hacken, schmelzen, mit den Gewürzen vermischen und auf die geschnittene Teigplatte streichen. Guss kurz antrocknen lassen, Brownies vom Blech nehmen, jeweils mit einer halben Walnuss verzieren und den Guss fest werden lassen.

Butterplätzchen

(ca. 40-60 Stück)

250 g Butter · 250 g Zucker
2 Eier · 500 g Mehl
2 Pck. Vanillezucker

Alle Zutaten in der Küchenmaschine gut verrühren oder per Hand verkneten. Den Teig ausrollen und Plätzchen ausstechen. Mit Eigelb bestreichen oder mit bunten Zuckerstreuseln verzieren. Ca. 10-15 Minuten bei 170 bis 180 °C backen.

Kokosmakronen

(ca. 30-40 Stück)

100 g Butter · 250 g Zucker
300 g Kokosraspeln · 3 Eier
1 EL Milch · 1 Pck. Vanillezucker
30-40 Oblaten

Aus den Zutaten einen Teig zubereiten und mit zwei Teelöffeln Häufchen auf Oblaten (Ø 4 cm) setzen. 10-15 Minuten bei 160 °C backen.

Nougatplätzchen
(ca. 45 Stück)

Teig:
100 g Butter · 50 g Puderzucker
50 g gemahlene Haselnüsse
200 g Mehl · ½ TL gemahlener
Zimt · 1 Eigelb
Füllung:
250 g weiches Nussnougat
zum Verfeinern:
Puderzucker

Teigzutaten verkneten. In Folie gewickelt ca. 60 Minuten kühlen. Backofen auf 180 °C vorheizen. Aus dem Teig haselnussgroße Kugeln formen und auf ein geöltes Blech setzen. Mit bemehltem Kochlöffelstiel Vertiefungen in

die Plätzchen drücken und 12-15 Minuten backen. Nougat in die ausgekühlten Plätzchen spritzen. Mit Puderzucker oder Schokoladenglasur garnieren.

Haselnusstaler

(ca. 80 Stück)

Teig:
1 Ei · 200 g Butter
200 g Mehl · 200 g gemahlene Haselnüsse
100 g Puderzucker
100 g gehackte Haselnüsse
zum Verfeinern:
je 50 g Zartbitter- und weiße Schokolade

Ei trennen. Weiche Butter, Mehl, gemahlene Haselnüsse, Puderzucker und Eigelb verkneten. Als Rolle (3 cm Durchmesser) in Folie 30 Minuten kühlen. Ofen auf 200 °C vorheizen.

Rolle mit verquirltem Eiweiß bestreichen, in gehackten Nüssen wenden und in ½ cm dicke Scheiben schneiden, ca. 10 Minuten backen. Schokolade schmelzen und z. B. mit Zick-Zack-Muster mit Zartbitter- und weißer Schokolade garnieren.

Mokkabohnen

(ca. 60 Stück)

Teig:

3 Eiweiß · 150 g Zucker
300 g gehackte Mandeln
100 g geriebene Zartbitterschokolade · 2 TL lösliches Kaffeepulver · 50 g Stärke

zum Verfeinern:

100 g weiße Kuvertüre
60 Mokkabohnen

Den Backofen auf 160 °C vorheizen. Eiweiß steif schlagen, dabei den Zucker langsam einrieseln lassen. Mandeln, geriebene Schokolade, Kaffeepulver und Stärke unterrühren. Aus der Masse Häufchen auf ein mit Backpapier ausgelegtes Blech setzen und ca. 20 Minuten backen. Die weiße Kuvertüre schmelzen und die ausgekühlten Makronen damit verzieren, je eine Mokkabohne auf die Kuvertüre setzen.

Pistazienmonde

(ca. 50 Stück)

150 g weiche Butter
75 g Zucker · 1 Ei · 1 Prise Salz
abgeriebene Schale von 1 unbehandelten Zitrone · 225 g Mehl
2 TL Backpulver · 1 Eigelb
1 EL Milch · 50 g gehackte Pistazien

Butter schaumig schlagen. Zucker, Ei, Salz und Zitronenschale unterrühren. Mehl und Backpulver unterkneten. 1 Stunde kühlen. Backofen auf 190 °C vorheizen. Teig auf bemehlter Fläche 3 mm dick ausrollen, Monde ausstechen. Auf ein geöltes Blech legen. Eigelb und Milch verquirlen und die Monde damit bepinseln. Mit Pistazien bestreuen und ca. 10 Minuten backen.

1 – Mokkabohnen
2 – Trüffelsterne
3 – Pistazienmonde

1
2
3

Trüffelsterne
(ca. 20 Stück)

Teig:
250 g Mehl
100 g Puderzucker
2 Eigelb
125 g Butter
100 g Marzipanrohmasse
1 Pck. Vanillezucker
Füllung:
150 g Bitterschokolade
25 g Butter
1 EL Puderzucker
1 EL Rum
100 g Mascarpone
zum Verfeinern:
je 200 g dunkle und Zitronen-Kuchenglasur

Teigzutaten verkneten, zugedeckt 1 Stunde kühlen. Ofen auf 180 °C vorheizen. Teig ca. 3 mm dick ausrollen, ca. 40 Sterne (ca. 4-5 cm Durchmesser) ausstechen und diese ca. 10 Minuten backen.
Schokolade hacken und schmelzen. Butter, Puderzucker, Rum und Mascarpone aufschlagen, geschmolzene Schokolade löffelweise zufügen. Die Masse auf 20 Plätzchen spritzen, restliche Plätzchen mit Glasur überziehen. Je ein Muster mit der anderen Glasur darauf zeichnen, trocknen lassen und auf die gefüllten Plätzchen setzen.

Würzige Lebkuchen

Mit Honig gewürzte Kuchen kannte man bereits als Grabbeigaben im alten Ägypten. Im mittelalterlichen Europa wurden die Lebkuchen durch die Klöster bekannt. Viele in den Gewürz- und Kräutergärten gezogene Heilpflanzen kamen in den Klosterbäckereien u. a. als Zutaten in die sogenannten Lebkuchen. Diesen Kuchen sagte man deshalb eine heilende, dem Leben dienende Wirkung nach.

Vor allem zu Weihnachten wurde an Zutaten nicht gespart, auch nicht an so teuren Gewürzen wie Zimt, Koriander oder Muskat. Daher rührt auch die Bezeichnung

Pfefferkuchen für die flachen, mit Pottasche oder Hirschhornsalz gebackenen Küchlein.

Im Hochmittelalter mussten exotische Gewürze aus dem Orient eingeführt werden, die dementsprechend teuer und kostbar waren. Vor allem der scharfe Pfeffer, nach dem man alle aus dem Morgenland eingeführten Gewürze „Pfeffer" nannte. Und weil zu Weihnachten an nichts gespart werden durfte, wurden Leb- und Pfefferkuchen mit bis zu sieben oder neun Gewürzen (heute als Lebkuchen-Würzmischung erhältlich) verfeinert und natürlich mit reichlich Honig, Nüssen und Schokolade. So ist es bis heute geblieben.

FUCHS
Lebkuchen
Würzmischung
FUCHS
Lebkuchen

Honigkuchen

(ca. 20 Stück)

Teig:

500 g Honig · 1/8 l Öl
250 g Zucker · 700 g Mehl
1 Pck. Backpulver
250 g gemahlene Mandeln
2 TL Zimt, gemahlen
1 TL Lebkuchen-Würzmischung
1 Prise Salz · 3 Eier
100 g Zitronat
100 g Orangeat
Fett für das Blech
3 EL Kondensmilch

Belag:

100 g Mandeln
200 g bunte Belegkirschen

Honig, Öl und Zucker unter Rühren aufkochen und wieder abkühlen lassen. Mehl, Backpulver, Mandeln, Gewürze, Eier, Zitronat und Orangeat mischen. Honigmasse dazugeben und gut durchkneten. Teig ca. 1 Stunde im Kühlschrank ruhen lassen. Anschließend den Teig auf einem geölten Backblech ausrollen und mit Kondensmilch bestreichen. 4 x 6 Zentimeter große Rechtecke mit einem Messer leicht vorzeichnen. Mit Mandelhälften und Belegkirschen verzieren und bei 175 °C ca. 40 Minuten backen.

Elisenlebkuchen

Teig:

300 g Farinzucker · 5 Eier
2 Pck. Vanillezucker
1 TL gemahlener Zimt
½ TL gemahlene Nelken
½ TL Kardamom
½ TL geriebene Muskatnuss
abgeriebene Schale einer Zitrone
200 g gemahlene Haselnüsse
100 g gehackte Walnüsse
200 g gehackte Mandeln
je 100 g Zitronat und Orangeat, fein gewürfelt · ca. 30 Backoblaten (Ø 5 oder 7 cm)

Guss:

150 g Puderzucker · 1 EL Rum
2 EL Rotwein oder
250 g Zartbitterkuvertüre

Eier und Zucker schaumig schlagen, alle übrigen Zutaten für den Teig dazugeben und alles gut verrühren. Die Masse auf die Oblaten streichen und bei 175 °C ca. 25 Minuten auf der mittleren Schiene backen. Die abgekühlten Lebkuchen mit einem Guss aus Puderzucker, Rum und Rotwein überziehen.
Für Kinderelisenlebkuchen Kuvertüre verarbeiten. Dafür die Kuvertüre im Wasserbad erwärmen und die Lebkuchen damit bestreichen. Auch ohne jede Glasur schmecken die Lebkuchen gut.

Nürnberger Lebkuchen
(ca. 50 Stück)

3 Eier · 200 g Zucker
abgeriebene Schale ½ unbehandelten Zitrone
½-1 TL Lebkuchen-Gewürz
1 Prise Salz · 50 g Zitronat
150 g gehobelte Mandeln
250 g Mehl · ca. 50 Oblaten
Dekor:
100 g weiße Kuvertüre

Backofen auf 200 °C vorheizen. Eier und Zucker schaumig rühren. Restliche Zutaten dazugeben und zu einem geschmeidigen Teig verrühren. Teig mit Hilfe von zwei Teelöffeln auf die Oblaten geben, diese auf ein mit Backpa-

pier ausgelegtes Backblech setzen und ca. 12-15 Minuten backen. Lebkuchen auskühlen lassen und mit flüssiger Kuvertüre verzieren.

Thorner Kathrinchen

250 g Honig · 60 g Zucker
60 g Butter · 1 Prise Salz
½ TL Zimt · je 1 Msp. Kardamom und Ingwerpulver
1 Eigelb · 250 g Mehl
100 g Stärkemehl
1 TL Pottasche

In einem Topf Honig, Zucker und Butter unter Rühren zum Kochen bringen. Die Gewürze einrühren, Masse abkühlen lassen. Eigelb, in

Wasser aufgelöste Pottasche und das Mehl zugeben und unter den Teig mengen. Den Teig zugedeckt 3 Stunden warm ruhen lassen. Dann ½ cm dick ausrollen und Kathrinchen ausstechen. Auf einem gefetteten bemehlten Blech im auf 200 °C vorgeheizten Ofen ca. 15 Minuten backen. Mit weißer Zuckerglasur (aus Puderzucker und Wasser) bestreichen.

Thorner Kathrinchen sind nach der Heiligen Katharina benannt. Ausstechformen, die an das Nonnengewand erinnern, gibt es im Fachhandel zu kaufen.

Lübecker Leckerli

(ca. 50 Stück)

Teig:

250 g Butter
100 g Puderzucker
1 EL Vanillezucker mit echter Bourbon-Vanille
250 g Speisestärke
75 g Mehl · 30 g Kakao
½ TL Lebkuchen-Gewürz

Füllung:

100 g Marzipanrohmasse
50 g Puderzucker · 1 Eigelb

Guss:

200 g Puderzucker
6-7 EL Rum

Dekor:

geviertelte Walnusskerne

Die Zutaten für den Teig geschmeidig verkneten, zu Rollen von ca. 2 cm Durchmesser formen und ca. 30 Minuten kalt stellen. Backofen auf 200 °C vorheizen. Rollen in ca. 1 cm dicke Scheiben schneiden. Marzipanrohmasse mit Puderzucker und Eigelb verkneten, zu kleinen Kugeln formen, auf die Teigscheiben legen, diese darüber zusammenschlagen und zu Kugeln formen. Die Kugeln auf ein mit Backpapier ausgelegtes Backblech setzen und ca. 15-20 Minuten backen. Puderzucker sieben, mit Rum verrühren, die Leckerli damit bestreichen und mit Walnussvierteln belegen.

Vanillezucker
mit echter
Bourbon-Vanille

Haselnusslebkuchen

4 Eier · 300 g Zucker
1 Pck. Vanillezucker
½ TL Zimt
1 Msp. Nelkenpulver
1 EL Stärkepulver
300 g geriebene Haselnüsse
ca. 50 Oblaten (Ø 5 cm)

Eier mit Zucker und Vanillezucker schaumig schlagen. Gewürze, Stärke und Haselnüsse unterrühren. Masse ½ cm dick auf Backoblaten streichen, 2 Stunden ruhen lassen, dann im vorgeheizten Ofen bei 150 °C 25 Minuten backen.

Krokantprinten
(ca. 60 Stück)

50 g Orangeat
250 g Grafschafter Karamell
70 g Butter · 50 g Krokant
70 g Farinzucker · 1 Prise Salz
2 TL Lebkuchengewürz
je ½ TL Anis und Ingwer, gemahlen · 300 g Mehl
3 TL Backpulver
250 g gehackte Haselnüsse
200 g Vollmilchkuvertüre
20 g Kokosfett

Orangeat fein hacken. Karamellsirup und Butter bei geringer Hitze schmelzen, in eine Schüssel geben und kalt stellen. Krokant, Farinzucker, Gewürze und Orangeat unter die fast erkaltete Masse rühren. Mehl und Backpulver mischen, darübersieben, alles auf einer bemehlten Arbeitsfläche zu einem geschmeidigen Teig verkneten und ca. 1 Stunde kalt stellen. Backofen auf 180 °C vorheizen. Den Teig ca. 5 mm dick ausrollen, Rechtecke von ca. 2 x 6 cm ausschneiden und auf ein mit Backpapier ausgelegtes Backblech legen. Gehackte Haselnüsse auf den Plätzchen verteilen, ca. 15 Minuten goldbraun backen und abkühlen lassen. Kuvertüre grob hacken, mit dem Kokosfett im Wasserbad schmelzen, gut verrühren und die Printen damit überziehen.

Schokoladenherzen

250 g flüssiger Honig
125 g Zucker · 300 g Mehl
je 100 g Walnüsse und Mandeln, gemahlen · 1 Msp. Kardamom
100 g Marzipanrohmasse
1 TL Pottasche
1 EL Espressopulver · 2 EL Rum
je 150 g Vollmilch- und Zartbitterkuvertüre

Honig mit Zucker erhitzen, bis sich der Zucker gelöst hat. Abkühlen lassen. Mehl mit Nüssen und Kardamom mischen, Marzipan hineinbröseln. Pottasche in 2 EL Wasser, Espressopulver in Rum auflösen. Alles gut verkneten. Teig abgedeckt ca. 1 Stunde ruhen lassen. Herd auf 180 °C vorheizen. Den Teig ausrollen, Herzen ausstechen und auf einem mit Backpapier belegten Blech 12 Minuten backen. Kuvertüren im heißen Wasserbad schmelzen und die Herzen damit überziehen.

Feine Pfefferkuchen

1,5 kg Mehl · 750 g Zucker
½ l Milch · 250 g Butter
200 g geriebene Mandeln
50 g Zimt · 10 g Kardamom
1 EL Kakao
20 g Hirschhornsalz · 3 Eier
10 g gemahlene Nelken

Kochende Milch mit 750 g Mehl verrühren, zerlassene heiße Butter darüber gießen. Zucker, Eier, das übrige Mehl, Gewürze und das in etwas Milch aufgelöste Hirschhornsalz dazugeben. Alles gut verkneten und 4-5 Stunden ruhen lassen. Der Teig muss fest sein. Dann ausrollen und Sterne, Herzen usw. ausstechen, auf einem gefetteten Blech bei 170 °C 20 Minuten backen. Mit Glasur (aus 150 g Puderzucker und 3-4 EL Rum oder Wasser) bestreichen und mit bunten oder Schoko-Streuseln bestreuen.

Weihnachtliche Kuchen & Torten

Adventsstern

Für den Stern (Ø ca. 25 cm):
2 Eier · 125 g Zucker
125 g weiche Butter
150 g Mehl · ½ Pck. Backpulver
200 ml Milch · je 75 g gemahlene und gehackte Walnüsse
1 TL Spekulatius-Gewürz
1 TL Kakao
Glasur:
100 g dunkle Kuvertüre
1 TL Spekulatius-Gewürz

Eier, Zucker und Butter schaumig rühren. Mehl mit Backpulver vermischen, die Milch zugeben und verrühren. Walnüsse, Spekulatius-Gewürz und Kakao unterrühren. Alles gut miteinander vermischen, in Stern- oder Springform (Ø 26 cm) geben und im vorgeheizten Backofen bei 160 °C ca. 40 Minuten backen. Kuchen auf einem Kuchengitter auskühlen lassen. Für die Glasur Kuvertüre im Wasserbad schmelzen, mit Spekulatius-Gewürz vermischen und den Stern damit überziehen. Nach Belieben mit Walnusshälften, Streugold Glitter (echt und daher essbar) und Schokoröllchen verzieren.

Kartoffelkuchen

250 g Mehl · ⅛ l Milch
15 g Hefe · 1 Prise Salz
100 g Zucker
250 g gekochte Kartoffeln
80 g Butter · abgeriebene Schale
von 1 Zitrone · Zimt

Aus Mehl, lauwarmer Milch, Hefe, Salz und etwas Zucker ein Hefestück ansetzen. Nach ca. ½ Stunde die geriebenen Kartoffeln, 40 g weiche Butter, 50 g Zucker und die Zitronenschale dazugeben. Alles gut verkneten und auf einem Herdblech ausrollen; noch ca. 30 Minuten gehen lassen. Etwa 30 Minuten bei 160-170 °C backen. Übrigen Zucker mit Zimt vermischen, restliche Butter zerlassen. Den noch heißen Kuchen mit flüssiger Butter übergießen und mit Zimtzucker bestreuen.

Gewürzkuchen

Teig:
250 g Rosinen · 6 EL Rum
250 g Margarine
250 g Zucker
4 Eier · 300 g Mehl
1-2 TL Zimt
½ Pck. Backpulver
125 g gehackte Mandeln
Guss:
3 EL Zucker · 3 EL Kakao
1 Ei · 200 g Kokosfett

Für den Teig die Rosinen in Rum einweichen. Margarine und Zucker schaumig rühren, nach und nach die Eier zugeben. Dann Mehl, Zimt und Backpulver einrühren. Die Rosinen abtropfen lassen und den Rum für den Guss auffangen, dann die Rosinen zusammen mit den Mandeln leicht unterheben. Auf ein „halbes" gefettetes Herdblech streichen und bei 175 °C ca. 45 Minuten backen.
Für den Guss Zucker und Kakao mit dem aufgefangenen Rum vermischen, dann das Ei zugeben. Das Kokosfett schmelzen und langsam unterrühren. Den Kuchen damit überziehen.

Nuss-Marzipan-Tarte

(ca. 12 Stücke)

1 Pck. frischer Blätterteig (= 275 g) · 100 g weiche Marzipanrohmasse
120 g Butter · 120 g Zucker
4 Eier · 6 EL Mandellikör
1 Prise Salz
200 g gemahlene Mandeln
50 g gehackte Haselnüsse
50 g Mandelsplitter

Backofen auf 200 °C vorheizen. Blätterteig etwas ausrollen, eine eingefettete Tarte- oder Springform (Ø 26 cm) bis zum Rand damit auslegen, überhängende Reste abschneiden und beiseite legen. Den Boden mit einer Gabel mehrmals einstechen. Marzipan mit Butter und Zucker schaumig rühren. Eier trennen, Eigelb nach und nach mit dem Mandellikör unter die Marzipanmasse rühren. Eiweiß mit Salz steif schlagen und mit den gemahlenen Mandeln unterheben. Marzipan-Mandelmasse auf dem Blätterteig verteilen, mit Haselnüssen und Mandelsplittern bestreuen. Aus dem restlichen Blätterteig Streifen rädeln, gitterförmig über die Tarte legen. Etwa 20 Minuten backen, dann mit Alufolie abdecken und weitere 10 Minuten fertig backen. Tarte abkühlen lassen und nach Wunsch mit Puderzucker bestäuben.

Zuckerkuchen aus Stollenteig

375 g Mehl · ½ Würfel Hefe
70 g Zucker · 200 ml Milch
250 g Butter
70 g süße Mandeln
je 1 Fl. Bittermandel- und Rumaroma · 200 g Zitronat · abgeriebene Schale von ½ unbehandelten Zitrone · 250 g Sultaninen
Zuckerguss:
125 g kalte Butter · 150 g Zucker

Nach Grundrezept (S. 14) Mehl, Hefe, ½ EL Zucker und etwas Milch zu einem Hefeteig verarbeiten und ca. 1 Stunde gehen lassen. Dann alle übrigen Zutaten in den Teig einarbeiten und ganz dünn auf einem mit Backpapier belegten Blech ausrollen. Ofen auf 220 °C vorheizen. Kalte Butter in kleinen Blöckchen gleichmäßig auf dem Teig verteilen. Zuletzt mit Zucker bestreuen. Den Kuchen ca. 12 Minuten backen. Warm genießen!

Überraschungskuchen

Teig:
250 g Butter · 250 g Zucker
4 Eier · 250 g Mehl
1 Pck. Backpulver · 2-3 EL Rum
außerdem:
1 EL Kakao · 1 EL Milch
3 EL gemahlene Nüsse
2 EL Rum · 1 TL Zimt

Teigzutaten zu einem Rührkuchenteig verarbeiten, dann dritteln. Eine Kastenform gut ausfetten, mit Semmelbröseln ausstreuen und das erste Teigdrittel in die Form geben. Darauf den mit Kakao und Milch gemischten zweiten Teil geben. Den dritten Teil mit Nüssen, Rum und Zimt mischen und als letztes in die Form geben. Den Kuchen bei 160 °C ca. 60 Minuten backen. Nach Wunsch mit einer Mischung aus Puderzucker und Rum glasieren.

Schoko-Nuss-Torte

5 Eier · 150 g Zucker · 150 g gemahlene Walnüsse · 150 g Butter
150 g Bitterschokolade
150 g Schokokuvertüre

Eier trennen. Eiweiß schlagen, langsam die Hälfte des Zuckers zugeben und steif schlagen. Dann die Walnüsse unterheben. Eigelb mit dem übrigen Zucker schlagen. Erwärmte Butter mit der ebenfalls erwärmten Schokolade zufügen und gut verrühren, dann die Eiweißmischung vorsichtig unterheben. Alles in eine Springform füllen und 40 Minuten bei 180 °C backen. Abgekühlt die Torte mit einem Schokoguss versehen.

Früchtebrot

4 Eier · 1 EL Rum
50-150 g Honig
(nach Geschmack)
200 g Weizen(vollkorn)mehl
2 gestr. TL Backpulver
2 TL Zimt
150 g gehackte Haselnüsse
je 150 g getrocknete Datteln und
Feigen · 150 g Rosinen
125 g Zitronat, fein gewürfelt

Eier schaumig rühren, Rum und Honig zufügen. Mehl mit Backpulver und Zimt vermischt unter die Eiermasse rühren. Haselnüsse, nicht zu klein geschnittene Datteln und Feigen, Rosinen und Zitronat zum Teig geben. Kräftig rühren, damit alle Zutaten sich gut vermischen und im Brot gleichmäßig verteilt sind. Eine Kastenform mit Backpapier auslegen und den Teig einfüllen. Bei 160 °C ca. 1 Stunde backen. Das gebackene Früchtebrot aus der Form nehmen, auskühlen lassen und zwei bis drei Tage in Alu-Folie wickeln. Schmeckt mit und ohne Butter!

Tipps: Trockenfrüchte können am Vortag in 4 EL Rum eingeweicht werden. Statt Zitronat weitere kleingewürfelte Trockenfrüchte (Pflaumen, Äpfel, Birnen) zufügen oder Zutat weglassen. Wer es nicht so süß mag, nimmt weniger Honig.

Rezeptverzeichnis

Bildnachweis

Uwe Bender (Titel, S. 75, 81), Fotolia.com (dkimages: S. 2, Sibylle: S. 7, racamani: S. 20/21, HLPhoto: S. 26/27, Erik Schumann: S. 33, K.-P. Adler: S. 36/37, Elena Schweitzer: S. 55), Uwe Hämsch (S. 9), The Food Professionals (Fuchs-Gewürze: S. 44/45, 86/87, Goldpuder: S. 15, 59, Grafschafter Karamell: S. 103, Henglein: S. 116/117, Ostmann-Gewürze: S. 65, 70/71, 93, 98/99, 108/109)

Aus dem lieferbaren Mini-Angebot

(Auswahl)

Natur & Gesundes

Aloe vera • Alte Gemüsesorten • Amaranth & andere Vitalkörner • Apfelbüchlein • Aronia Backen einmal anders • Bauernweisheiten durchs Jahr • Blüten für Genießer Brennnessel • Essen von der Wiese Essbares von Bäumen & Sträuchern Gesundes Kraut • Heilkräuterbüchlein Herbe Beeren • Hildegard von Bingen Holunder-Rezepte • Honig • Ingwer Kleine Kräuterapotheke • Küchenkräutergarten Kürbisbüchlein • Mohn • Multitalent Zwiebel Mythos Ginkgo (auch engl.) Neues Katzenbüchlein • Noch mehr Essen von der Wiese • Powerfood • Quinoa • Salbei Salz • Sanddorn-Rezepte • Tomatenbüchlein Vegane Küche • Weizengras, Sprossen & Co.

Essen & Trinken

Alles gewickelt & gerollt • Backen & Naschen Bento – Genuss „to go" • Berlin kulinarisch Brot backen • Die Küche der 100-Jährigen Dinkelgebäck • Essen wie im Mittelalter Filinchen • Fingerfood • Fisch-Kochbuch Gewürze • Grillen exotisch • Kaffeevergnügen Kochbüchlein Schweiz • Lauter scharfe Sachen

Marmelade & Gelee • Mecklenburg-Vorpommern kulinarisch • Milch-Büchlein
Muslimische Feste und Gerichte • Paleo
Pasta vegetarisch • Sachsen kulinarisch
Sachsen-Anhalt kulinarisch • Schlemmerbüchlein
Schwarzbier • Senfbüchlein • Smoothies
Süße Sünde: Schokolade • Süße Verführung
Süßes im Advent • Teegenuss
Thüringen kulinarisch • Trendgebäck
Weihnachten. Bräuche & Rezepte • Whisky

Literarisches

Das kleine Bach-Büchlein • Die Geheimnisse der Familie Bach • Wilhelm Busch
Die Minibibliothek (Bibliografie)
Erzgebirgisches Weihnachtsbüchlein
Fange jetzt zu leben an • Faust-Zitate • Frauen
Frauen der Reformation • Frauen-Weisheit
Paul Gerhardt • Goethe-Zitate • Große Sachsen
Gut beraten, froh gestimmt • Gute-Laune-Büchlein • HairAffair! • Heldenjungfrauen
Ich hab dich so lieb • Kinder sind die besten Philosophen • Liebe Mama ... • Liebe Oma ...
Lieber Opa ... • Lieber Papa ... • Martin Luther
Märchenkönig Ludwig II. (auch engl.)
Karl May • Mein Leipzig. Geliebtes Weltdorf
Wolfgang A. Mozart • Musenkuss – Richard Wagner • Nietzsche-Zitate
Nur mit dem Herzen... (Saint Exupéry)
Philosophinnen-Sprüche • Sandmännchen
Schiller-Zitate • Clara & Robert Schumann
Shakespeare für Verliebte • Theodor Storm